marko dinić

namen : pfade
gedichte

petra polli
transferlithographien

für Naama Ityel

kirschen : gebete

erinnerung

I
erinnerung erweckte die geburt
wie sonnenstrahlen einen neuen traum.
geboren ward alsbald das kind:
mit stummem schrei und lautem willen
bahnte es sich seinen weg
durch neu entdeckte welten und unbändige stillen,
um selbst erinnerung zu werden,
grenzenlose liebe und das leben zu erfahren,
das – wie der dichter sagt – die schule ist fürs sterben ...

II
... gedenkst du noch der liebe,
als sie, just vor tagen,
tanzte in der früh
auf des winters erstem morgenkleid.
das schweben,
so unbeschwert und ohne leid,
wenn man es sich leisten kann,
für den augenblick die hülle zu verlassen,
die sich eines reizes einst entsann.

III
erinnerst du dich noch an die seele,
als der anfang ihres glaubens
mir wie stille antwort kam:
flüsternd auf dem flügelschlag,
der wie tausend tote namen
auf der wimper trotzte,
schmückte er den leeren raum,
um wahrheit zu erhellen,
welche damals schien
wie ein ferner traum ...

IV
... erinnerst du dich an die menschen,
mich und dich,
die anderen,
an geschichten wundersamer orte.
einst weilten sie, wie steine fest verankert,
im ursprung aller kinder worte,
wartend, flehend, suchend noch nach ihren namen:
trostlos weilen sie da heute noch
wie städte grau, zerfallen,
ohne gott und ohne leises amen.

V
erinnerung ist stadt geworden:
im kalten stein,
auf schwarzbeteerter lunge
ist sie wie der schatten einer vogelschar,
nur ein leiser abdruck an den himmeln,
den ein alter geist in sich gebar...

VI
... wandernd durch den leeren raum,
ganz im stillen,
löst sie sich, dem blick entgegen,
an des kleides rotgetränktem saum...

VII
... erinnerung dem wind entgegen.

fragmente über das schaffen und die strafe

schwarz: das firmament,
das die nähte der verzweiflung
zusammenhält

...

blutrote glorie:
vereint, über abgrund und wandel,
das eiserne licht

...

halbverdorrter schatten lichterzüge:
versuche vergeblich
einen menschen zu formen

...

unter der haarwurzel versteckt:
die beharrlichkeit der namen,
die eigenart des offengelegten raums

...

im brütenden wüstensand
der gebrochene schwur:
brüder, die eigene mutter erstechend

...

nur noch eine möglichkeit der strafe
bevor man uns vergisst:
ein leben ohne musik

der fluss

unter unseren füßen staute sich tausend jahre lang die stille.
unter unseren händen fühlten wir den kalten stein und mörtel,
bauten städte, manchmal bis zu den sternen.
unter lasten brachen wir zusammen, träumten nachts jedoch
von freiheit und weiten tälern.
unter großen namen sind wir sklaven, sind wir mordende masse,
gier nach prekären antworten.

unter dem kirschbaum ein schatten.

unter den endlosen himmeln der nacht heult immer noch
der wolf den sternen hinterher.

der wind trug sein gebet noch tausend jahre lang.

tage

das geborstene licht
zerstreut zwischen
efeu und tagtraum.

kälte strömt aus offenen türen:

und wieder ein weiteres wort
an den süden verfüttert,
wo gott einst selbst seinen
namen zu grabe trug.

unter der achsel:
das eingewachsene haar,
das wühlende geschwür
kaum verheilter erdenalter.

es lockt von weitem
ein verstreuter blick.

das beschwerliche flackern der kerze
reinigt vergeudete tage.

stella

ein blauer kreis
und in ihm ein stern.

weit entfernt
und doch:
um vieles heller.

heller als der mensch.

nichtswürdiges untier,
dürstend nach der gier.

immer dinge begehrend,
welche zu beherrschen
er nie imstande war:

seine ständigen begleiter,
tod und atem,

schreien auf,
ein letztes mal,

bevor der kreis sich schließt,
und der baum die frühlingsfrüchte
wieder trägt.

arbor

mitten auf der weide:
der baum.
ein mensch geht vorbei,
er weiß nicht, was er sieht,
er will nur die frucht.

diese ist zu hoch,
zu hoch für ihn,
zu hoch für den augenblick.

so bleibt der mensch allein
mit seiner gier,
welkt mit den tagen,
der brut verlorener freiheit.

wäre er aufgehobener zwischen
müllhalden und sich verzehrenden wünschen,
zwischen traumlosen häuserblöcken, welche,
röchelnden winden trotzend, ihren wunden
form verleihen?

mitten auf der weide:
ein baum.
der mensch geht vorbei
und weiß nicht was er sieht.

doch diese frucht ist immer noch zu hoch.

gleichnis

tochter kains! deine stimme beseitigt die zwietracht,
die aus abgründen meines verstandes sich nährt.

deine augen, schwer, wie unter laub gehortet,
blicken nun den frühen sommertagen entgegen,
tagen der ungeduld,
zäh wie bienenharz und schwarze träume.

„es ist viel zu schwer" - sind dann deine worte,
die vom licht geborgten,
während des tages mitleid mit uns menschen:

„sieh da, sieh auf die andere seite:
der mann am fenster versucht vergeblich die zukunft
im blauen dunst einer zigarette zu lesen.
ein fremder auf der falschen straßenseite mit gesten
irgendeiner perversen gottheit huldigend."

„aber es ist viel zu schwer,
viel zu schwer die herzschläge zu zählen,
die jeden tag in einem nisten.
und dann, eines tages ..."

„eines tages wird die sonne scheinen,
wie jeden tag.
solltest du diese hungrige welt etwa
verlassen wollen?

was wäre mit den hängen der sehnsucht,
dem flüstern vergessener dichter,
sollte etwa staub ihr wahres ziel gewesen sein?"

„ein hauch von flieder wäre eine antwort,
doch sind die fragen halb verdorrt
und die welt nur ein wort aus traum und kruste."

wir blicken den frühen sommertagen entgegen,
tagen der ungeduld,
zäh wie bienenharz und schwarze träume,

tagen, in denen ein lied langsamer schwindet,
das gleichnis von strom,
welches des menschen nicht bedarf.

im krankenbett

oh, wie liegt da still und knietief in den träumen
uns der seelenleib,
entzweit,
wie man nur in träumen
sich des leibes und der seele ledig machen kann:
undurchdringliche membran,
weitab von fleisches schmerz
und bewusster zeitempfindung.

in den träumen sind wir noch am leben,
sind wir immer noch gesund.

doch man denkt,
wenn das aug mal wieder hat die lider aufgetan,
um die ufer zu erkennen,
die man in der nacht verlassen,
geplagt vom schwellend schmerz und fieberwahn,
wenn man wieder ankommt,
wo die betten des gestankes und der krankheit wegen
schon wie ranken ineinander ragen,
man denkt,
dass die eigenen schmerzen und der eigene pein
die größten innerhalb der neonwelten seien.

die träume sind uns stets am leben,
sind uns stets geblieben.

doch im nebenzimmer,
seit der menschen ewigkeit,
saß der tod ´nem armen schwein schon im nacken
und half ihm wenigstens die letzten paar minuten
seines im bett dahinvegetierenden lebens
in schmerzens-schreien zu vergessen,
um so gott und seiner krankheit wenigstens
mit namen zu versehen.
ach, und der rücken vom jahrelangen liegen,
aufgescheuert, wund…

nur in unseren träumen, liebe, lebt man immer noch gesund.

vor dem tor

verstört ist der gedanke eines jeden,
der das schwarze buch in seine hände nimmt.
und vor dem tor
– hinterm großen fenster kühle luft
sich teilend an den eisengittern –
steht der bebenden seele unmut
einer sehnsucht stets im wege.

der vogel nistet still und unbeugsam
dem träumenden auge entgegen:
harrend reflexion im feuer
einer der gebärden,
ohne einen gott,
ohne einen segen.

verklärung

lawinen und götter,
verklärt durch den tod,
wie einst die moral durch feuer und schwert.
so liegen die städte nun als haufen asche zu unserer rechten,
die andere seite erreichten sie nie.

nun bleibt euch,
dir und deiner trauerweide
– denn sie ist auch nur name,
auch nur wort und same –
euch bleibt jerusalem
als abdruck gelben steins im augeninneren.

bleibt im himmel und auf erden
nur das stumme totenbett,
das einsame gebet und zucken in den fingern,
wenn die fäden ihren mittelpunkt und somit auch
die letzten worte finden.

wüste

der körper ist verdorrt:
die gewissheit über einen tag,
da das wimmern einer mutter
knochenreste mit gedanken benetzt.

gedanken wie aus staub gesponnen.
hier, zu unseren händen,
lassen sie die gezählten tage
erträglicher erscheinen.

erträglicher im angesicht einer sprache.
nicht der unseren.
eine geborgte sprache.
eine geborgte geste hin zu den namen.

was der mensch an wüsten hätte,
bleibt verborgen vor der welt.

vielleicht im unterholz?,
wäre das herz nicht an sich selbst
zerbrochen.

auf castelfeder

stetig streift der wind die worte von den bäumen.
er löst sich auf in ihnen.
er wird zum flüstern derer,
die sich zum abschied blicke wie hände gaben.

wir fingen an zu verstehen,
und die ferne schien uns immer näher,
schien aufzugehen in dem verschwimmen,
dem sanften auf und ab der frühlingsähren.

auch wenn wir in den kleinsten städten lebten,
nur ein baum warf uns ins unbehagen,
ins zwielicht der vom stadtlicht geblendeten sprache
hin zu den weiden.

dann stieg das kind vom berg und sagte,
unser leben sei ein leiden innerhalb des schwerelosen raumes,
sei ein dürsten nach der antwort in fahl gewordenen formen.

preiset lieber die anspielung in blau,
sie wird gehalten von abgründen,
die aus seelen leiden schöpften mit losen sieben.

die reste von träumen kleben uns noch an den lidern,
hin und her gerissen zwischen wein und etrogbäumen,

in gärten, in lüsten herber räusche außerhalb des darstellbaren,
das aus worten kränze flicht ...

... die dornigen.

das ende der gezeiten

am ende der gezeiten,
wenn mond und sonne sich treffen für den letzten kuss
und die paradiesischen haine wieder blühen,
werde ich warten:
auf den schmerz der zeit,
um zu fühlen, was er selber nicht versteht:
der mensch der weiten welt.

wie blitzen seine augen in das dunkel aller ewigkeit
mit dem scharfen blick eines verdammten,
welcher nicht zu wissen scheint,
nicht weiß,
dass in seinem kopf, bis ans ende aller tage nacht,
das dumpfe nägelschlagen an des erlösers letzte last
widerhallt und eins wird mit seinem wesen.

er,
der trotz aller herzen lichter
einsam bleibt.
es sind die zeitentstellten totengesichter,
vernarbt der hellen sterne sehnsucht wegen:
„… oder ist dies wieder des menschen faule ausrede …"
… nicht zu sein.

heimat : pfade

ein tag

die sonne ist aufgegangen.
über den steinernen wogen
ruft der anbrechende tag
den namen des regens in seinen schoß.

die säureverätzte messingtafel über
den horizonten
zwingt wieder in die knie:

„nun bleibt jeder schritt
auf der erde deiner heimat fremder,
noch bevor du deine wünsche unterm
sternenhimmel horten kannst.

welch zumutung ein leben doch ist,
wenn nicht gerade der tröstende blick
einer mutter da wär."

und was war mit dem baumgeflüster?

die sonne ist untergegangen.
über den steinernen wogen
erkennt der schritt die eigene erde wieder.

der schatten der zypresse in der nacht verstreut.

die silhouette eines kadavers:
ein fest für das leben.

auf dem floß

wie strömt mir bloß das schicksal entgegen,
tausend toten namen gleich,
deren lied erlischt,
wenn tausend neue sich den weg
durchs zwielicht der geschichte bahnen.

durch das nichts,
die unendlichen gefilde unreiner ausgeburten
unserer träume und wünsche hin zu einer
heimat.

und während heimchen ihr gedicht zu ende zirpen,
werden wir,
ich und meine augenlider,
uns die wälder neu zusammendenken,
werden unseren blick und unsere ängste
nicht mehr auf den süden,
sondern auf die ströme lenken.

beograd

des müden kopfes druck
schwillt um die augen,
die welt ist nur ein mosaik aus
grün und weizenfeldern.

darf ich nicht die zeit aus ihren nüssen schälen,
nur weil andere es vor mir mit leichtigkeit taten?

wie das kind den sand in dessen hände nimmt.
öffne ich die türen,
vermesse die nähe und weite
der mit einer schale versehenen welt,

einer mit dem schein des vergessens
versehenen welt.

mein name bleibt reine vermutung,
während ich den smog all dieser
perfidien der jahrhunderte einatme.

am bahnhof dann die aufschrift auf der scherbe,
die im innern meines auges nistet:

„der zug fährt pünktlich ab vom bahnsteig zwei.
karten sind, wie immer, ausverkauft."

auf den straßen von gestern

auf den straßen von gestern
weilen die blicke der überlebenden
im schatten des mondes.

auf den straßen von gestern,
wo soldaten erbarmungslos jagd
auf kinderträume machten,

erscheint dir
ein handschlag
als geste
zu heilig.

auf dass das vergessen verwelkt
mit dem gesprochenen wort.

auf dass eine welt sich verwirkt
auf den straßen von gestern,

wo immer noch tanzt
das entzweite licht.

melancholia historiae

am fenster steht noch
die vergorene milch
der entrückten jahre.

entrückt in ferne länder:
ein kaum verständliches wort.
vielleicht das der stadtbewohner.

zerwirkte herden liegen ihnen im mund.

sie streuen die saat lebhaft in die winde,
doch ernten sie kein korn:
sie tragen das brot in ihren taschen
und sagen im vorübergehen:

„blühten hier einst pflaumenbäume,
so wäre dies eine lüge.
nichts vermag mehr hier zu blühen,
weder frucht noch schatten.
wir sitzen draußen und schwelgen in utopien.
unsere taschen sind friedhöfe der geschichte
und so ist auch die erde.
wie maulwürfe graben wir uns durch das land
und verlieren unseren weg.
tot sind wir geboren und das leben werden wir
wahrscheinlich nie erlernen."

es kerben sich die jahre in das zedernholz
wie in weiches fleisch der schritt.

langsam verglimmt das blendende licht.
in den taschen bleiben übrig die krümel der zeit.

dort

dort drüben –
der wandernde blick durchs offene fenster –
dort steht ein stück von heimat
in der fremde

der weiße stein, zerbröckelnd,
scheint im schlamm zu verschwimmen

wer weiß:
vielleicht wächst auch eines tages
gras darüber,
und nimmt ein jähes ende.

die magnolie

der baum steht in den augen,
vermute antwort hinterm sinnen:

magnolienweiß weicht dem
magnolienrot weicht dem
magnoliengrün weicht dem
magnolientod.

die stadt liegt drum herum,
in der man einst geboren,
jedoch nie gekannt,
in sich trägt sie nur die frage:

weicht das weiß dem
rot
sowie das grün dem
tod?

in den zarten knospen liegt die farbe,
wie im warmen griff der götzenmutter.
die kinder spielen auf dem sonnengitter,
auf den feuern ihrer schicksalsnarbe:

weiß
das weicht dem
rot
sowie das grün ...

... dem herzen, welches nicht mehr ist:
so wie der baum,
der den namen
aus der tiefe meines auges frisst.
es ist egal wo du geboren bist:

magnolienweiß weicht dem
magnolienrot weicht dem
magnoliengrün weicht dem
magnolientod.

pozzos schlaflied

denk, schwein!

denk an die sonne, die mit ihren fängen die pfade bedeutet.
denk an die schatten und blick nicht zurück auf die lichter der stadt.
denk an das leid, den wahren geburtsort der wünsche.
denk an die brüder, die gegenseitig sich asche und gold
in die münder speien.
denk an die feuer, die vergeudeten jahre, an kirschen im sand
einer jugend,
an die geborgte sprache der weile.
denk an die opfer, die toten kinder, deren namen im regen verwischen.
denk an die zeit.

denk, schwein!
denk!

berlin

wär ich an der seite des flusses geblieben:
wie üblich doch die welt im schein des morgentaus,
vielleicht das zittern eines wipfelschlags.

im dickicht verborgen: das strebende licht

so trüb der wiedergekäute tag,
und die namen an den wänden ringen
mit dem vorübergehen der passanten.

ein Stück der mauer 2,50 euro

an meiner seite:
eine verstummte geste der eigentlichkeit,
vielleicht auch sie aus einer ahnung?

ein schnitt

ich bin vergessen.

ihr

an der schwelle der grabeslieder
verkünden euch raureif und lilie
verscharrte träume
und vergessenes leid.

verneigt euch tief vor den abgründen
der eigenen hände,
wenn mal wieder zeit wie trauer
in sie fällt.

die erde ist kaum zum wort gereift,
schon wird sie wieder abgetragen,
und ein weiteres kind in ihre
sanfte obhut gelegt.

kaum ein menschenalter
wird man euch verzeihen.

falls doch,
wird der wind schon für
vergessen sorgen.

versuche über die geliebte

I

meine geliebte hat einen
punkt in ihrem gesicht.
nachts tanzt sie einsam um diesen herum
in meinen träumen.

II

ich bin gefangen im dichten gestrüpp.
die reise dauert schon jahre,
so scheint es zumindest.

III

der name meiner geliebten
ist ein wohlgehütetes geheimnis.
manchmal flüstert sie ihn mir während ich schlafe.
nach solchen nächten bin ich mondsüchtig.

IV

einst war meine geliebte ein pfeil,
der einen wurm im apfel tödlich traf.
über meiner linken brusthälfte trage ich
immer noch die wunde.

V

in den augen meiner geliebten
sehe ich ständig eine unstete kreatur.
es wird langsam zeit
mich von dort zu entfernen.

VI

heute offenbarte mir meine geliebte
die abfahrtszeit ihres zuges.
die stille von morgen reift nun in mir
zu einer welkenden blume.

VII

meine geliebte pflückt blumen bei nacht
in fremden gärten.
nur sie weiß, wo diese auch wirklich hingehören:
mein grab liegt auf der anderen seite der stadt.

Nach: Tsangyang Gyatso

heimatpfad

oh, trümmerlamm,
geboren um als brücke anderen zu dienen,
ihnen einen weg zu bahnen in das,
was deine eltern einst heimat und verstand nannten.

es wird sich hoffentlich ereignen,
da du die scherben deiner hoffnung wieder sammelst,
um die sandburg zu bauen,
wie du es einst als kind getan.

hier, am fuße dieses hügels,
wo deine gedanken sich verirren.
hier, wo die leichen liegen,
das spiel der langsam zu unseren füssen
sickernden asche hin zu ihrem urzustand.

du dachtest wohl die lügen wären vorbei,
alle namen ausgezählt
und die asche nur ein vorwand?

dass vielleicht ein windstoß hin zu ufern der verdrängung
irgendeinem eine rettung wäre,
eine rettung aus der erinnerung an krieg und kindheit?

deine freunde wollen noch ein wenig spielen,
du willst nur die sonne sehen,
die prätentiöse gestalt eines schönen...

es bleibt die welt erhalten.

benares

entrückt in der ferne die heimat,
und kalt ist der atem der stadt.

wohin mit den jahren,
den überflüssigen narben?

entleibt ein gedanke an vorfahren
in der tiefe des scheins.

ums herz tragen wir einen gürtel,
die gleichgültigkeit eines lebens

bei gelagen und feuern der nacht.

wären wir von anderswo her,
vor der heimlichkeit verborgen,

tief unter narben
wie stumme gezeiten unter den monden,

würde ein lied um einiges heiliger klingen,
wäre nicht dieser gedanke verloren.

die unbekannte stadt

heute mittag fielen auf die unbekannte stadt
drei metallne bomben nieder:
o) die erste
o)) die zweite
o))) die dritte

die erste zerschmetterte den fernsehturm:
lügen hat er einst verbreitet
in das kleingewachsene vaterland,
siehe da der bruder streitet
mit den brüdern um die mutterhand.

die zweite traf den kirschenbaum:
unter seinen alten fingerästen
ist schatten jetzt ein weiter traum
in blutgetränktem vogelgefieder.
geheimes aus den schwarzen kirschensäften
wird verraten uns nie wieder.

die dritte tötete das kind:
man vernahm ganz leis´, fast still,
ein röcheln,
letzte atemlaute…
und das im zimmer
wo es jeden tag die welt
in sich zusammenbaute.

eine welt,
in der das kind
am liebsten schwarze kirschen aß
im schatten alter astkorallen,
weitab der unbekannten städte
in der heut abend
drei metallne bomben wieder fallen.

eine nacht

das violett verschwimmt langsam am horizont
und zerstreut das lerchenlied.
weg von seinem ton.
weg von seinem stundenschlag.

schlaf mein kind.
schlaf und denk nicht an dein herz.
denke nicht an das vergrabene herz in deiner brust.
schweig und lass die winde ziehen.

leg dich nieder
neben dem gebet,
wo ein zittern versteinerter abdrücke
nur für kurze zeit ein haus sein wird:

die unerträglichkeit vorbeigehender schatten
in schneebedeckten tälern,
die blutbenetzten pfade
wiegen dich in unstete gezeiten hinein.

am rand der klippe dann,
ein schild:
„betreten verboten!
nur für den augenblick."

wohin des weges, wanderer?

schlaf einsames kind.
schlaf und nage nicht mehr am eigenen herzen.
schlaf und vergiss das atmen,
nur für einen augenblick,

da du wieder erstehst in gebärden anderer.

namens : splitter

bund

es standen sich einst brüder gegenüber,
mund voll asche und mund voll gold,
gegenüber die träne dem wasserfall
im tal des vergessens.
zweifel schwebten ziellos durch die nächte,
und jedes wort im ohr, dem unscheinbaren,
jede geste wurde zur vermutung,
getragen vom lilienstaub auf dem rücken cheirons.
nur manchmal, so schien es,
als könne eine leichte woge ihnen
das atemlicht entzweien,
das zeichen der last,
das spiel einer frage ohne antwort,
tief vergraben in den augenhöhlen.

was am ende übrigblieb:
zarte griffe einer sehnsucht,
die umarmung zweier brüder
weit von einander.

es wäre mutig zu behaupten,
ihre geschichte wäre eine der liebe gewesen.

das erz

das erz wird langsam abgetragen.
das steinerne gelübde unserer ahnen,
wie ein flackern auf damast,
schreit auf, verbittert, gegen das licht.

in ihren nichtigen stoßgebeten
liegen gespaltene sonnen,
und das antlitz des regens
birgt mehr als nur ein gebrechen.

der gebeugte gang stiehlt sich langsam
von der hoffnung davon,
dass eines tages die nachtigall
ein lied den toten singen könnte.

tod des vogels

wo gen mitternacht die menschen
dem geflüster frönen
und spatzen ihrem tod entgegensehen,
dort steh ich einsam an der böschung
und seh dich immerzu weit von mir gehen.

dort,
wo die spatzen sich zum sterben niederlegen,
bin ich nur vermutung.
ich sehe nicht dem sterben zu.
sie bleiben das ewig gleiche bild
zwischen großstadtmüll und männlicher verhütung.

das nest

ich streife durch die wälder,
als würde ich etwas suchen:

vielleicht ein wort?
welches,
rausgefallen aus dem vogelnest,
jetzt versucht zu keimen,
fuß zu fassen in den ewigen biblischen wüsten
des sich stetig an den wellen brechenden leibes.

oder sucht mein aug´ das ungreifbare?
den herbst mit seinen toten blättern,
die kriege mit den toten namen:

sie picken die sprossen aus ihren schalen,
essen die ewige frucht ihrer wünsche aus träumen.
sie tragen die worte zu deren bett,
nur zum schein,
und das rauschen der meere klingt ihnen
wie gebet und gesetz.

noch bleibt euch ein nest
meine geliebten faulen schalen …

noch bleibt uns der schein …

gewidmet A.E.

der abdruck

alles was ich bin,
alles was ich war,
alles was ich seit je her,
als schatten auf der nackten haut
zu sein vermochte,
war als leises wort gedacht,
eingehaucht vom flüstern tot-
geglaubter:

ihr ambrosisches gemüt
ist quelle aller gelabter,
überdrüssig allen wissens,
treibend in der ewigkeit,
unauslöschlich wie der tod
und jede form von endlichkeit.

dort II

außerhalb des festen griffs
jage ich wünschen hinterher.
beständig,
über kahlen landschaften,
über schattenfeldern,
immer wieder träumen hinterher.

dort,
wo du warst,
mit offenen händen,
verkrusteten augenwinkeln,
immer einen schritt vom wort entfernt,

dort,
wo gebärde zum alter einer menschheit
erkoren wird und die saat um einiges
schneller verdirbt,

dort wird jetzt der traum vergraben.

dämmerung

oh, welch kranke zeit im widerhall
des dämmerlichts eines anbrechenden tages:
es füttert ein blick den schimmer der welt
an die gedanken.

ich füttere gedanken an den schein,
das augenflimmern und kastanienbraun
im angesicht der uhr,
des pochens innerhalb der waagschale.

oh, welch kranke zeit
sitzt immer noch vorm tag
im dämmerlicht der gedanken.

dann kommt die nacht mit wohlwollen
meinen augen entgegen ...

sie sind so groß wie teller:
reflektieren stets die krankheit überm abdruck
aus den tiefen schon verfaulter wörtermassen.

sie rufen immerzu: „dein körper sei ein keller!,
ein trachten nach dem zwiespalt,
der aus träumen fäden spinnt."

es wiegt der schlaf,
es flüstert die elster neue lieder
zum gruß:

„ein wort zittert in deinem finger.
das wort am fenstersims ..."

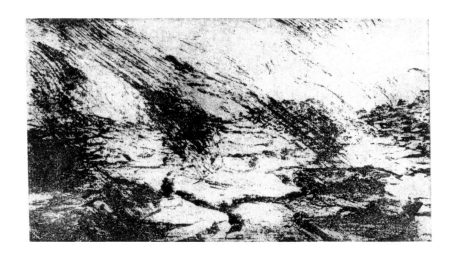

wir graben die zeit aus

schau, wir graben die zeit aus,
wir brauchen die schaufeln nicht,
es reichen schon blutige finger.

wir graben sehnsüchte aus,
siehst du sie nicht flackern
zwischen alabaster und sammet.

siehst du nicht die kirschen
im moraste blühen,
nicht das schattenspiel, das uns bedeckt

auf ewig im wort und in der welt?

wir graben die trauer aus,
wozu dann noch ein grab beweinen,
wenn uns die laune den augenblick vertröstet.

schau, wir graben die zeit aus,
die vergessene rose an den hängen der welt,
und doch träum ich nachts immer noch von menschen
und vom gebet.

vor den brunnen

unter den eisernen bögen
belauschen einander die winde.

kaum verborgen:
das allseits umspannte herz der einöde.

sähe der spatz uns noch ein letztes mal
abtrünnige gedanken im angesicht,

vielleicht wäre ein wort
einfacher geronnen.

mit kies bedeckt:
die entflohenen gesten.

ein schatten an brunnen verfüttert.

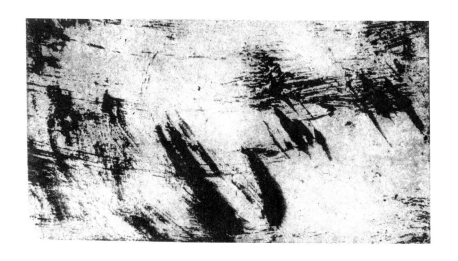

hufschlag

es kreist ein schimmer aus sternen gemalt
ums trockene laub.
durch den schleier der müdigkeit sinnt der
trüb gewordene geist,
und von weitem hören die pferde nur dem eigenen
hufschlag zu …

dann schwindet der traum:
das grab in der zeit mit dem welkenden dichter.
darin sich verschlingende münder,
aufrufend zum tanze die ewigen lichter
mit den sinnenden sternen …

helios

der herbst ist an uns vorbeigezogen
der gesenkten blicke wegen.

staubbenetzt knien sie nun
vor den längeren winternächten

und verbergen einander
im flüstern der verwaisten erde.

unter der brücke schlüpften gerade
eiserne sonnen,

als schnee ihre form
auf ewig bedeckte.

umbruch

nimmst du nicht die schilder wahr:
die welt steht am rande.

nimmst du nicht wahr:
flehen und massen.

nicht wahr die gezähmten seelen,
nicht wahr das klemmbrett oberhalb des eigenen bettes.

wo du warst, da geschrei von tausenden
dir nachts scheinbar die träume deutete.

wo du warst, als die waage plötzlich kippte
und die asche ihre form verlor.

wo warst du, elend einer armen mutter?

wo du, geschächtetes leben,
immer einen schritt den wünschen hinterher?

wohin die zeit?

wo?

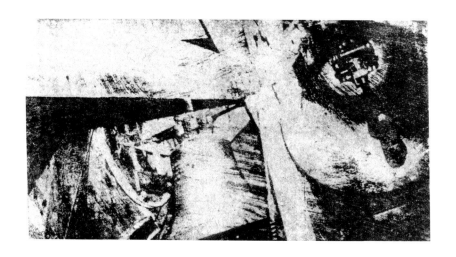

apokalypse

salbet die häupter mit heiligen ölen,
es sind die letzten unserer tage.

das requiem wird schon angestimmt:

hört ihr etwa nicht die hörner und trompeten
uns die märsche blasen?

tragt eure augen zu grabe,
erspart den blicken die erwartungen.

geschmack von herben knochensplittern
und untergangsvisionen

durch glockengedonner herbeigerufen.

küsst einander noch ein letztes mal,
diese träume waren nicht für uns.

Petra Polli

geboren 1976 in Bozen/Italien,
lebt und arbeitet in Salzburg und Leipzig

2010 Diplom an der Hochschule für Grafik und Buchkunst Leipzig, Malerei/Grafik bei Prof. Annette Schröter, Gast an der Hochschule für Grafik und Buchkunst, Leipzig, Installation und Raum bei Prof. Joachim Blank
2008 Magister der Kommunikationswissenschaften Salzburg
2007 Diplom an der Universität MOZARTEUM Salzburg, Malerei bei Prof. Dieter Kleinpeter
2009 - Assistentin an der Internationalen Sommerakademie für
2012 Bildende Kunst in Salzburg in der Malereiklasse von Monika Baer, Rebecca Morris, Matts Leiderstam und Hanspeter Hofmann

Preise/Stipendien
2011 Nominierung Anton Faistauerpreis für Malerei, Salzburg
Emanuel und Sofie Fohn Stipendium, Österreich
Förderatelier des Landes Salzburg
2010 Artist in Residenceprogramm Pilotenküche, Leipzig
2. Preis der Via Regia Sculptura, Kunst im öffentlichen Raum, Leipzig
2008 Kunstankäufe des Landes Salzburg
2007 Artist in Residence, Dresden
2005 - Stipendium der Internationalen Sommerakademie für
2007 Bildende Kunst in Salzburg

www.petrapolli.com

Marko Dinić

geboren in Wien 1988

von da an unstetes Leben pendelnd zwischen Serbien (Belgrad) und deutschsprachigen Städten wie Stuttgart, München, Salzburg und Berlin

seit 2008 Studium der Germanistik, ab 2012 der Jüdischen Kulturgeschichte in Salzburg. Veröffentlichungen in verschiedenen Zeitschriften wie „Der Fahrende Skolast" und „SALZ"

seit 2009 Veranstalter zahlreicher Lesungen in Zusammenarbeit mit der Literaturplattform „Junge Literatur für Salzburg" sowie mit Stadt und Land Salzburg innerhalb des Projektes „Kunst im öffentlichen Raum"

namen : pfade
Gedichte : Marko Dinić
Transferlithographien: Petra Polli
Layout: Volker Toth
Lektorat: Friederike Goldschmid
Druck: Theiss, St. Stefan

ISBN 978-3-902606-76-1

© 2012 EDITION TANDEM, Salzburg | Wien
www.edition-tandem.at

Gefördert von:
Stadt und Land Salzburg
Bundesministerium für Unterricht, Kunst und Kultur